UNENDLICHKEIT MEINES SEINS

Wundertütenpoet

VON

TINA HÜSCH

DIE MÖGLICHKEITEN
VON EWIGKEIT UND POESIE

Bibliografische Information der Deutschen Nationalbibliothek: Die
Deutsche Nationalbibliothek verzeichnet diese Publikation in der
Deutschen Nationalbibliografie; detaillierte bibliografische Daten
sind im Internet über dnb.dnb.de abrufbar.

ISBN: 9783754300985

Herstellung und Verlag: BoD – Books on Demand, Norderstedt

ABOUT ME

Meine Seele ist ein fröhliches, kunterbuntes Ding, das lachend
seinen Schabernack in meinem Inneren treibt.
So bin ich stets für jeden Spaß bereit und liebe die Spontanität
im Lebensfluss.

Ich bin neugierig auf alles, was kommt, und liebe Überraschungen.
Es fasziniert mich, die Designerin meines Lebens zu sein,
so mag ich es leise, damit mein Ego laut sein kann.

Die Zahl 13 ist für mich ein Stück Lebensenergie
und bringt mir Glück.

Ich liebe Träume, die größer sind als die Realität,
und Geschichten, die Märchen gleichen.
Mein Geist braucht die Freiheit der Leichtigkeit,
damit meine Seele fliegen kann zu immer neuen Orten der Kunst.

Viel Spaß bei der Erkenntnis, wenn die Freiheit Deiner Leichtigkeit
bemerkt, dass der Seele Energie unendlich ist.

TINA

FÜR MEINER

SEELE

ENERGIE ...

Für alle,

die ihre Angst und Traurigkeit verlieren wollen.

Für Dich,

weil Du in diesem Moment

Deine Unendlichkeit zu spüren beginnst.

INHALT

EINBLICK, EINSICHT, ERKENNTNIS ...

Das Einzige, was in diesem Leben sicher ist, ist die Gewissheit, dass der Tag kommt an dem unser Lebensbus die letzte Haltestelle ansteuern wird ...
Es ist das, was uns alle gleichmacht, und das, was keiner von uns aufhalten kann, egal welchen Einfluss oder welche Macht man auf dieser Welt auch hatte.

Wir alle werden an genau der gleichen Haltestelle irgendwann stehen und aussteigen müssen.
Doch es wird nur ein Umsteigen sein, da der Tod nicht das AUS, sondern nur einen Seitenwechsel in die Feinstofflichkeit bedeutet.

Der Tod ist nur eine Veränderung des Lebens, und niemals wird jemand ganz gehen.

Wir alle sind aus Energie, und es ist ein physikalisches Gesetz, dass Energie nicht verloren gehen kann.
Wir haben eine unsterbliche Seele, in ihr wohnt unsere Lebensenergie und gleicht einem Wassertropfen, der alle Information des gesamten Ozeans enthält, und so enthält unser Wassertropfen Leben die Information des gesamten Universums.

So sind wir alles und stecken in allem, wir sind immer gewesen und wir werden immer sein, nur wir haben es vergessen, wenn wir das Abenteuerspiel „Erde" betreten, das ist so in den Spielregeln des Inkarnationsvertrags festgehalten.

Aus diesem Grunde sehen wir vieles zu ernst und nehmen manches zu schwer, wir verlieren so viel Leichtigkeit und nehmen an Traurigkeit zu.

Wie wundervoll ist es dann doch, wenn einem klar wird, dass es im Leben nicht darum geht, perfekt zu sein, sondern glücklich, und dass es nie aufhören wird, dieses Sein, sondern nur die Gestalt unseres Körpers eine andere werden wird.

Doch all unsere Gefühle und Emotionen bleiben gespeichert, und das über die verschiedenen Leben hinweg. So bringt uns der jeweilige „Tod" im Prinzip nur wieder unsere eigene Vollkommenheit zurück.

Und das nächste auf den Tod folgende Leben stellt eine neue Möglichkeit und Chance dar, weitere Erfahrungen, Gefühle und Eindrücke zu sammeln.

Materielle Dinge, die wir hier auf Erden so lieben, sind nichts anderes als Leihgaben. Was wirklich zählt, das sind die Beziehungen, die wir führen, die Gefühle, die wir entwickeln, die Erkenntnisse, die wir erlangen, und die Fröhlichkeit der Seele, die allem neue Energie verleiht.

Das größte Geschenk, das man sich selbst machen kann, ist, ein Leben aus vollem Herzen zu führen. Sich selbst treu zu sein und sich eine eigene Sicht auf die Dinge zu erlauben.

Es geht darum, das Leben unbeschwert zu genießen und den leichten, sonnigen Weg zu gehen. Sich es selbst nicht unnötig zu beschweren und die Dinge immer nur negativ zu sehen.

Da wir alle aus Energie sind, unterliegen wir einem Lebensmagnetismus, der besagt, dass das, was wir ausstrahlen, auch wieder zu uns zurückkommen wird.

Das, was wir denken, fühlen wir, was wir fühlen, wird zu unserem Ich, unser Ich ist magnetisch und zieht sein Sosein an.

Die Grundregel Nummer eins im Leben lautet: Wenn Du fröhlich und glücklich sein willst, dann musst Du aufhören zu jammern!

Das ist das grundlegende Pflichtprogramm, wenn es ums Glücklichsein geht.

Man wird immer nur das vom Leben erhalten, was man selbst dem Leben gibt.

Also lache es an, dieses Leben, und das Leben wird zurücklachen.

Wechsel Deine Einstellung dem Leben gegenüber, werde Dir bewusst, dass Du immer sein wirst und dass Deine jetzige Existenz nur ein Teil eines runden Kreises ohne Anfang und Ende ist.

Verlier die Angst vor dem Tod, denn der Tod ist nur eine weitere Möglichkeit für Dich, der eigenen Vollendung zu begegnen.

Verwandle Deine tiefe Traurigkeit darüber, dass ein Dir lieb gewordener Mensch den Weg bereits vorausgegangen ist, und freue Dich darauf, diese eine Seele irgendwann wiederzusehen und alle Gefühle teilen zu können.

Sei gewiss, dass es ein Wiedersehen geben wird. Diese Gewissheit lässt Dich den Schmerz des vorübergehenden Getrenntseins leichter ertragen.

Finde mehr zu Dir selbst, indem Du Deinem Geist die Freiheit schenkst, nicht in Normen und Raster gepackt zu werden.

Denn je mehr Du zu Dir selbst findest und Dich wieder ganz zu spüren lernst, lernst Du auch die Energien kennen, die Dich umgeben.

Deine Lieben gehen niemals ganz, und wenn Du sie brauchst, sind sie da.

Du kannst es sehen, doch nur mit dem Herzen, die Augen sind zu viel im Außen.

All Deine lieb gewonnenen anderen Seelen werden auf Dich warten, Dir in neuen Leben begegnen und Dich auf immer andere Arten und Weisen im Fluss der Ewigkeit begleiten.

Dies ist ein Versprechen meiner Seele an Deine Seele.

Die imaginären Dinge machen letztendlich unser Leben aus, die Dinge, die man erlebt und im Herzen abspeichert, von den Momenten, die uns berühren und tiefe Spuren hinterlassen.

All das sind Kleinigkeiten, die uns zu einem großen Ganzen formen, die unseren Geist gestalten und unsere Seele prägen.

Diese Kleinigkeiten sind das Einzige, was in der Unendlichkeit Bestand hat und was als Erinnerung und Gefühl gespeichert mit uns überall hingehen wird.

Denn alles Materielle ist uns nur auf Zeit geliehen und auf Dauer gar nichts wert.

Daher fange sie ein, die schönen Momente, und bewahre sie in Deinem Herzen, denn letztendlich bist Du nichts außer einer Sammlung Lebenserfahrungen, gepaart mit der Seele, die in Deinem Geist lebt.

Lass nicht zu, dass negative Lebensumstände Dich so verformen, dass Dein Geist und Deine Seele davon in Mitleidenschaft gezogen werden und die Traurigkeit Dein Sein vergiftet.

Hab die Erkenntnis, dass hier auf Erden nichts Bestand hat und von Dauer ist, weder Glück noch Traurigkeit. So wirst Du im Glück beseelter sein dafür, dass es ist, und in der Traurigkeit die Gewissheit haben, dass auch wieder andere Zeiten kommen.

Versuche, niemals die Angst über Dich regieren zu lassen, denn die Angst ist ein nimmersatter Energie-Vampir, der – je mehr Aufmerksamkeitsfutter er bekommt – um so mehr zu wachsen beginnt, da die Angst immer die Macht über die Seele haben möchte.

Gestalte Dir selbst eine fiktive Tür, die Du schließen kannst, wenn die Angst versucht, Dich zu besuchen.

Werde Dir der verschiedenen Lebensoptionen bewusst, denn Du kannst

1. Aufgeben
2. Nachgeben
3. ALLES GEBEN!

Es ist ein wundervolles Sein, das Du ganz nach Deinen eigenen Vorstellungen kreieren kannst, denn Du allein bist der Designer Deines Lebens, Du kannst all das daraus machen, was Du Dir auch vorstellen kannst.

Träum die kühnsten Träume und zweifle niemals an Deinen Wünschen, halte das Gefühl des bereits erfüllten Wunsches in Deinem Herzen fest und geh jeden Abend mit der Gewissheit schlafen, dass Dein Wunsch bereits erfüllt ist, so wird das Leben Dir genau das bringen, was Du Dir auch von ihm wünschst.

Freue Dich, ein Stück Unendlichkeit zu sein, schau hinter die Lebenskulissen und den Magnetismus des Seins, erkenne, dass alles in allem steckt und jeder Wirkung eine Ursache vorausgeht.

So bekommst Du ihn, Deinen Lebensführerschein, und kannst gekonnt Dein Sein dorthin lenken, wo Deine Seele sich wünscht zu sein.

Sei Dir gewiss, dass das Leben immer so wundervoll zu Dir sein wird, wie Du es zulässt.

Fang an und schenke Dir selbst schöne und positive Gefühle, und das Leben wird Dir magnetisch diese zurückschenken.

Denn dieses Leben besteht aus Ewigkeit in der **Unendlichkeit.**

U – nwiderstehlich
N – eugierde
E – nergie
N – euheit
D – ankbarkeit
L – achen
I – nspiration
C – harisma
H – umor
K – reativität
E – wigkeit
I – ntuition
T – reu

Unwiderstehlich ist die **Neugierde** der **Energie**, wenn sie die eigene **Neuheit** der Seele mit **Dankbarkeit** erkennt.

Das **Lachen** der **Inspiration** entwickelt ein wundervolles **Charisma**, das mit **Humor** und **Kreativität** bis in alle **Ewigkeit** der **Intuition treu** bleibt.

Verlier alle Angst vor dem Aberglauben, dass das Leben endlich ist, nur diese eine Reise ist endlich, doch Du wirst ewig reisen und ewig sein, denn Du bist pure Energie.

Werde Dir gewiss darüber, dass Du mit Hilfe des Magnetismus im Leben alles steuern kannst, solange Du nicht anfängst zu zweifeln.

Entdecke Deine ganz eigene Macht, Deine Unendlichkeit in der Ewigkeit.

UNENDLICHKEIT IN MIR

Ich spüre sie, die Unendlichkeit meines Lebens.
Ich spür, dass nichts ist vergebens.
Der Tod wird nur eine Veränderung sein
und keiner ist allein.
Wir alle sind Energie
und die vergeht bekanntlich nie.
So habe immer frischen Mut,
denn der tut jedem gut.
Und in Zukunft sei gewiss,
dass alles, was kommt, nur Veränderung ist.
Nichts hat seine Beständigkeit
außer der Unendlichkeit.

So ausgestattet mit ein paar kleinen wundervollen Lebensgeheimnissen lebt es sich gleich viel leichter und bunter.

Alles hat seine eigene Faszination, und Du bist der Künstler, der das Bild malt, das sich „Dein Leben" nennt.

KOMM MIT UND LENKE DIE FASZINATION DER INSPIRATION RICHTUNG UNENDLICHKEIT, DENN ES IST DIE EWIGKEIT, DIE DIR NOCH BLEIBT.

ERSTER STREICH ...

Ich bin hier, um das **Taxi in Richtung Unendlichkeit** zu nehmen.
Klaus wird mein Fahrer sein, der die **Veränderung des Lebens**
herbeiführt.

Zusammen fliegen wir Richtung **Firmament** mitten in den
Abenteuerhimmel hinein.

Ich erkenne, dass meines **Wahrseins Dasein** nur eine **Leihgabe**
ist, und befreie mich von der Vorstellung, dass es ein Ende gibt, der
Seitenwechsel wird mir nur **Gute Karten** und **Glückschancen**
zuspielen.

In meinen kühnsten Träumen hätte ich es mir nicht so
Schön ausgemalt ...

ICH BIN HIER

Noch habe ich so viel zu tun,
noch kann ich lange nicht ruhen,
noch muss ich hierbleiben
und in meinen Werken verweilen.
Noch ist es viel zu früh, um zu gehen,
noch kann ich die Erfüllung aller Wunder sehn.
Noch bin ich hier,
und mein ICH noch kein WIR!

TAXI RICHTUNG UNENDLICHKEIT

Der Tod ist nur der Taxifahrer,
der dich zum Flughafen bringt,
damit du deinen neuen Abenteuerurlaub antreten
kannst,
in dem du der Reiseleiter bist
und die Regie deines Lebensfilms führst.

KLAUS

K = kurz

L = leben

AUS = AUS

Keiner soll traurig sein,
wenn Klaus ihn holt einmal heim.
Man muss nur die Möglichkeiten erkennen
und sich nicht in Melancholie verrennen.
Einfach feiern dieses Leben und jedem Tag
ganz NEU begegnen.

VERÄNDERUNG DES LEBENS

Der Tod ist nur eine Veränderung
unseres Lebens.
Das Leben bedeutet Ewigkeit
und die Unendlichkeit
ist jederzeit für uns bereit!

FIRMAMENT

Irgendwann steh ich am Himmelstor,
meine Seele fliegt empor
zum fernen Firmament,
wo man mich schon ewig kennt.
Und ich spüre, wie meine Sehnsucht brennt,
wieder verbunden zu sein,
und ganz rein,
endlich DAHEIM!

ABENTEUERHIMMEL

Wenn ich mal im Himmel bin,
dann werd ich da nicht lange bleiben.
Nach Abenteuern steht mein Sinn
und nach Freudeteilen.
Werd den nächsten Zug schnell nehmen,
zurück nach Mutter Erde fahrn.
Dort werd ich alle Kunst begrüßen
und mit Poesie mein neues Leben versüßen.

WAHRSEINS DASEIN

Genieße, was du genießen kannst,
denn jedes Dasein hat sein Wahrsein.
Und so lernt das Nahsein von dem Dasein.
Denn das Dasein braucht das Nahsein,
denn ohne Nahsein gäb's kein Dasein
und keiner von uns würde wahr sein.

LEIHGABE

Irgendwann ist alles anders.
Irgendwann ist deine Reise aus.
Irgendwann kommt alles raus.
Und du wirst verstehen,
es ist alles nur geliehen,
hier auf dieser großen Welt.
Alles Schöne, alles Geld!
Nichts wird dir auf Ewigkeit bleiben,
auch nicht, auf diesem Erdenrund zu verweilen.

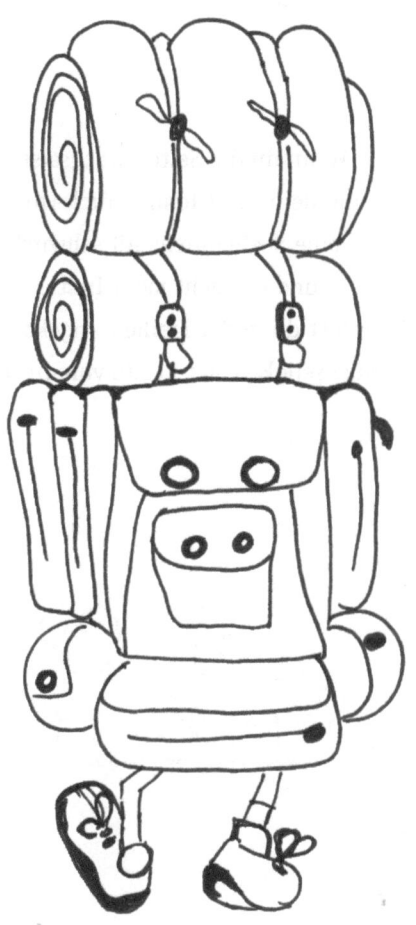

SEITENWECHSEL

Wenn du die Seiten wechselst
und dein Geist feinstofflich wird.
Deine Seele durchs All schwirrt
und du nicht mehr irrst.
Dann bist du in der Freiheit angekommen
und die Glückseligkeit hat Besitz von dir genommen.

GUTE KARTEN

Noch kann der Himmel ein bisschen warten,
denn ich will gerade neu durchstarten.
Ich hab nämlich gute Karten
für meinen Seelengarten.
Neue Ideen wachsen.
Und Wunder erblühen.
Das lässt meinen Geist glühen
und die Funken sprühen.
So wird meine Freude
ein Flächenbrand werden,
hier auf Erden!

GLÜCKSCHANCEN

Nutze alle Chancen,
wenn sie dir begegnen.
Genieße alle Glücke,
wenn sie dir zufließen.
Erkenne, alles hat seine Zeit,
denn die Unendlichkeit in dir ist dazu bereit.

SCHÖN AUSGEMALT

Meine Veränderung hat begonnen,
ich fühl mich leicht und frei,
alles Schwere ist vorbei.
Meine Seele, sie kann fliegen
und sich im inneren Frieden wiegen.
Alles leuchtet hell und strahlt,
nie hätte ich es mir so schön ausgemalt.

ERKENNTNISSE DES ERSTEN STREICHS ...

WIE fühlt es sich für Dich an, ein Stück Unendlichkeit zu sein?
Eine pure Magie der Energie, die nie vergeht?
Schreib Deine Gefühle auf und lass dabei auch ein Stückchen Freude raus.

. . . .
. . . .
. . . .
. . . .
. . . .
. . . .
. . . .
. . . .
. . . .
. . . .
. . . .
. . . .
. . . .
. . . .
. . . .
. . . .
. . . .
. . . .
. . . .
. . . .
. . . .

ZWEITER STREICH ...

So fasziniert von meinen neuen Erkenntnissen, habe ich keine Angst mehr vor dem, was kommt, sondern fühle eine große Neugierde auf das, was wird.

KOMM UND LASS DICH VON DEN FLÜGELN MEINER GEDICHTE EIN STÜCK WEIT MIT IN DIE UNENDLICHKEIT DER ZEIT NEHMEN ...

Ich bin **Der Floh im Seelenzoo**, der beim **Erdensein** sein eigenes inneres **Kind** spürt.

Wir alle sind aus **Sternenstaub** und werden **Ins Licht gehen**, dort erkennen wir die **Möglichkeiten** von **Sternenorthimmel** und **Engelsspiel**.

Auch wenn beim Halt des **Lebenskarussell**s unsere **Sommersprossen** vergangen sind, so sind wir doch noch wir selbst.

Niemand soll traurig sein, Ich wünsche mir einen guten Himmel für uns alle.

DER FLOH
IM SEELENZOO

Das sind die Tage, an denen ich flieg,
so hoch, dass mich keiner mehr kriegt.
Auf der Suche nach dem, was mir bleibt,
ohne Angst vor dem, was mich treibt.
Ich bin im HIER,
ich bin im JETZT.
Ich lebe, bin glücklich und froh
wie ein kleiner Floh,
einfach so,
für meiner Seele Zoo!

41

ERDENSEIN

Schau in deinem Erdensein
nach dem Lachen,
nicht nach dem Schein.
Tue, was dir Freude macht,
jeden Tag bis Mitternacht.
So habe ich´s mir ausgedacht
und meinem Leben großen Spaß gemacht.

KIND

Ich sehe mir beim Leben zu
und meine Vernunft lässt mir keine Ruh.
Ich werde wieder zum Kind,
das seinen Weg erst beginnt.
Die Ideen in meinem Kopf,
spinnen das schönste Komplott.
Und das alles, weil ich am Leben bin,
welch wundervoller Lebenssinn.

STERNENSTAUB

Wir alle sind aus Energie,
aus Sternenstaub
und purer Magie.
Jeder allein hat die Regie
für eine wundervolle Strategie
in des Lebens Galerie!

INS LICHT GEHEN

Vor der Himmelstüre stehen
heißt, sich nicht mehr umzudrehen.
Heißt, nach vorn ins Licht zu gehen
und die eigene Seele zu verstehen.
Heißt, am Ziel der Reise zu sein,
in sich DAHEIM!

45

MÖGLICHKEITEN

Hast du schon mal was von der Unendlichkeit gehört?
Oder hat dich bis jetzt nur die Traurigkeit gestört?
Hast du je alle Möglichkeiten gesehen
oder konntest du bis jetzt deine Chancen nicht verstehen?
Lerne zu lachen im HIER und JETZT,
damit keiner deine Seele als „alte Zicke"
beim Teufel anschwärzt.

STERNENORTHIMMEL

Es gibt einen Ort ohne Angst
und ohne Schrecken,
wir alle werden ihn entdecken.
Dort, wo alle Zeit stillsteht
und die Liebe nie vergeht.
Wo wir feiern, tanzen, leben,
uns verstehen und vergeben.
Dort, wo all die Freude wohnt,
am Sternenhimmel hinterm Mond.

ENGELSSPIEL

Ach, was werd ich mit den Engeln spielen.
Tanzen, lachen und verrückte Sachen machen.
Werde fliegen können
und meinen Lieben ab und zu ein Wunder gönnen.
Werd das BLAU des Himmels sehen
und im Geist erinnernd über die Erde gehen.

LEBENSKARUSSELL

Eine Runde Leben
ist wie eine Fahrt auf dem Karussell.
Alles dreht sich und bewegt sich
und ist einfach nur sehr schnell.
Komm, lass uns diesen Rummelplatz besuchen
auf dem Erdenkugelrund,
alle Schwierigkeit verfluchen,
so bleibt unsere Seele auch gesund!

SOMMERSPROSSEN

Hast du dich jemals gefragt,
was noch alles kommt?
Und deine Seele in purer Freude gesonnt?
Hast du das Wunder gesehen am Horizont?
So ganz gekonnt dein Leben genossen
wie tausend kleine Sommersprossen
und dich in die Liebe deines Lebens verschossen?
Um dann ganz entschlossen
und vom Leben übergossen,
mit Freude das Sein zu genießen,
bis aus deinen Gedanken Ideen sprießen
und kunterbunt durch dein Leben fließen!

51

NIEMAND SOLL TRAURIG SEIN

Niemand soll traurig sein,
denn keiner geht für immer oder ganz.
Wir alle sind aus Energie,
nur verstehen das die meisten nie.
Wir alle werden ewig sein
und in der Unendlichkeit vereint.
Am besten von niemandem beweint.

ICH WÜNSCH MIR EINEN GUTEN HIMMEL

Ich wünsch mir einen guten Himmel
und meiner müden Seele Ruh …
Alle Leiden sind zu Ende,
alles ist leicht und wunderbar,
endlich seh ich alles klar
und bin dankbar für das, was war.
Ich bitte euch, nicht traurig zu sein,
denn meine Seele ist wieder daheim!

53

ERKENNTNISSE DES ZWEITEN STREICHS ...

IST die Unendlichkeit nicht wundervoll?
Was fasziniert Dich besonders an Deinem Unendlichkeitssein?
Halt einmal inne und denk darüber nach ...
und schreibe sie auf, Deine Gedanken.

....
....
....
....
....
....
....
....
....
....
....

                  ....
                  ....
                  ....
                  ....
                  ....
                  ....
                  ....

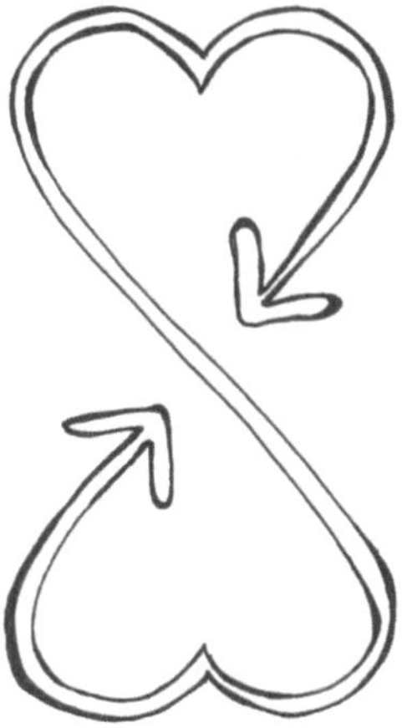

. . . .
. . . .
. . . .
. . . .
. . . .
. . . .
. . . .
. . . .
. . . .
. . . .
. . . .
. . . .
. . . .
. . . .
. . . .
. . . .
. . . .
. . . .
. . . .
. . . .

DRITTER STREICH ...

Ist es nicht schön zu wissen, dass wir alle aus Energie sind?
Nichts geht verloren, irgendwann werden wir uns in einer anderen Dimension wiedersehen.

LÄSST DIESE ERKENNTNIS NICHT NOCH MEHR
WUNDERVOLLE ENERGIE IM INNEREN DEINER SEELE
ENTSTEHEN?
HIER KOMMEN NOCH EIN PAAR GEDICHTE FÜR DIE
EWIGKEIT DEINES SEINS ...

Ich bin dafür, sich immer am **Augenblick** zu erfreuen.
Kein Weg ist vergebens, und die **Neugierde des Seins** ist riesengroß.
Als **Lebensdesignerin** gestalte ich meinen **Ausflug** des **Lebens**,
Genieße die Zeit Dort, wo alle Wolken wohnen,
Wenn der Himmel die Erde grüßt und **Schweben im Leben** die
Aufgabe meiner Seele ist.

ICH BIN

Ich bin nicht da,
wo du mich suchst.
Doch ich bin da,
wenn du mich rufst.
Kann dich weiterhin stets sehen
und dich jetzt auch ganz verstehen.
Ich bin!
Und werde nie von deiner Seite gehen.

AUGENBLICK

Ich bin gefangen im Augenblick,
doch ich will nicht mehr zurück.
Alles ist so hell,
und die Traurigkeit vergeht so schnell.
Alles ist so weit,
und die Unendlichkeit hat Zeit.
Endlich bin ich wieder frei
und mittendrin, statt nur dabei.

KEIN WEG

Manchmal führt kein Weg mehr zurück
und keiner mehr nach vorn.
Man ist geboren und muss hier sein,
in seinem Dasein.
Man muss sich nah sein,
denn nur so kann man da sein.
Auch wenn du fragst, kann das wahr sein?
So braucht doch das Dasein das Nahsein!

NEUGIERDE DES SEINS

Hab nie Angst vor dem, was kommt,
freu dich auf das, was sein wird.
Sei neugierig und interessiert,
so bist du in dein Sein involviert
und alles vibriert.

LEBENSDESIGNERIN

Noch hab ich Zeit,
noch ist das Jenseits im Diesseits weit.
Noch bin ich mittendrin,
noch hat alles so viel Sinn,
denn ich bin meines Lebens Designerin.

AUSFLUG

Mein Ausflug auf diese Erde ist zu Ende.
Mein Leben ergibt viele Bände,
doch ich habe keine Einwände.
Freue mich auf das, was kommt,
stehe an des Diesseits Front.
Werde den nächsten Schritt wagen
und eine begeisterte Seele haben.

LEBEN

Ausgedehnt und ewiglich,
endlos, unbegrenzt und grenzenlos.
Nicht messbar, göttlich, unbesiegbar, schrankenlos.
So ist nur das Leben bloß!
Ist das nicht famos!

GENIESSE DIE ZEIT

Genieße die Zeit,
du weißt nie,
wie viel dir auf deiner Reise noch beleibt.
Lebe im Moment und erklär die Traurigkeit für fremd.
Feiere den Augenblick
und hol dir das Glück am Stück,
so ist das Leben von dir verzückt.

DORT, WO ALLE WOLKEN WOHNEN

Dort, wo alle Wolken wohnen,
werd ich mich irgendwann mal schonen.
Werd so viele Freunde treffen
und alle Traurigkeit vergessen.
Werde hinab zu Erde sehen,
und alle Ängste in mir vergehen.
Werde die Freiheit des Windes spüren
und lass mich von der Engel Unsinn verführen.
Werde die Leichtigkeit laut feiern
und eine Himmelsparty anleiern.

WENN DER HIMMEL
DIE ERDE GRÜSST

Wenn das Jenseits das Diesseits küsst
und der Himmel die Erde grüßt.
Wenn die Wolken den Horizont berühren
und meine Gedanken Verbundenheit spüren.
Wenn die Leichtigkeit mich einholt
und keine Wut mehr in mir tobt.
Wenn die Freude Einzug hält und meine Angst verfällt.
Dann bin ich nicht mehr auf der Welt ...

SCHWEBEN IM LEBEN

Leben bedeutet schweben,
wenn Gefühle sich verweben
und sich in die Unendlichkeit erheben.
Ach, was bin ich so froh dabei zu sein,
so mittendrin,
in meinem Sinn!

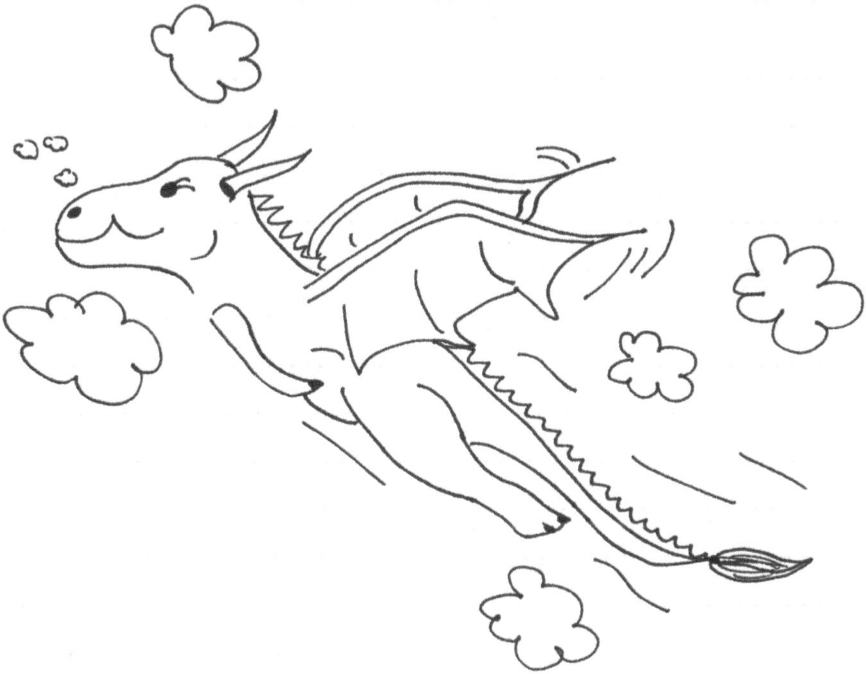

ERKENNTNISSE DES DRITTEN STREICHS ...

WAS möchtest Du auf dieser Deiner Erdenreise noch alles designen und gestalten?

Halte es hier fest, damit Deine Seele es nicht vergisst ...

....

....

....

....

....

....

....

....

....

....

....

....

....

....

....

....

....

....

....

....

....

....

72

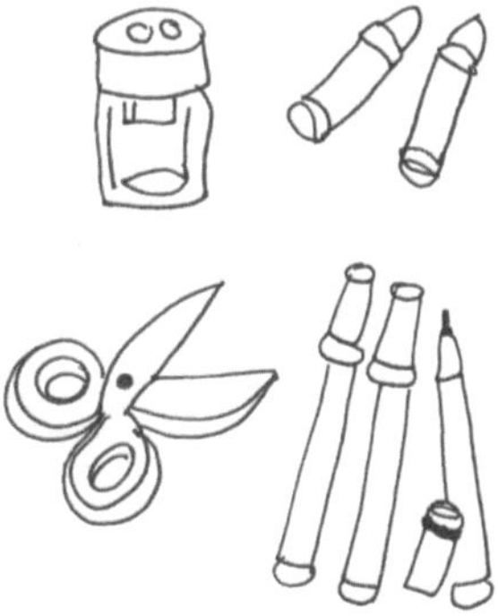

VIERTER STREICH ...

Spürst Du sie, die Zuversicht, dass alles unendlich ist und nichts verloren geht, außer der Angst?
Denn Du wirst immer sein und immer scheinen, immer bleiben und sollst nie über den Tod weinen.

SO KOMMEN AUCH MEINE LETZTEN GEDICHTE ZU DIR UND SCHENKEN DIR HOFFNUNG, ZUVERSICHT UND GLAUBEN AN DIE UNENDLICHKEIT DES SEINS DER SEELE ...

Vor der **Himmelspforte** erkennst Du, **Energie vergeht nie**.
Die **Ewigkeit** küsst die **Unendlichkeit** und in **Vollkommenheit** wird alles ein **Runder Kreis**.
Unsere **Lebensmagie** ist die **Chance unseres Lebens**, wenn unser **Seelenlachen Endlos** die Freude für **Das pure Leben** ausstrahlt.

HIMMELSPFORTE

Ich werde nie vor der Himmelspforte warten,
sondern direkt zu neuen Zielen starten.
Mich Richtung Unendlichkeit bewegen
und in meiner Kunst still leben.
Werd nach neuen Horizonten suchen
und alle Traurigkeit verfluchen.
Werde nur das Diesseits wechseln,
die Veränderung erleben
und durch Dimensionen schweben.
Ich werde lachen
und ihr nicht weinen.
Denn wir sind alle aus Energie
und werden für EWIG bleiben.

ENERGIE VERGEHT NIE

Wir alle sind aus Energie
und die vergeht bekanntlich nie.
Wir alle haben unseren Traum,
mit tiefen Wurzeln wie ein Baum.
Auf allen unseren Wegen
brauchen wir des Himmels Segen.
Um zu wissen, wer wir sind,
damit das Leben uns gelingt.

EWIGKEIT

Im Himmel sind wir alle gleich
und an Zufriedenheit ganz reich.
Wir alle sind wieder miteinander verbunden
und alle Boshaftigkeit ist verschwunden.
Der Himmel ist weit
und alle Träume sind geträumt und wahr
und wir der Ewigkeit so nah.

UNENDLICHKEIT

Wir sind alle Unendlichkeit.
Es ist nur manchmal die
Dimension, die uns entzweit.
Doch schon ganz bald werden
wir wieder sein
in einer gemeinsamen Dimension
für die Länge einer REISE daheim.

VOLLKOMMENHEIT

Endlich bin ich wieder vollkommen,
perfekt und mit allem verbunden.
Kann alle Gedanken hören
und Freude schmecken,
nun kann mich nichts mehr erschrecken.

RUNDER KREIS

Der Anfang und das Ende
sind bei uns allen gleich,
und doch ist es nur ein Stück
aus einem runden Kreis.

LEBENSMAGIE

Ein Stück Himmel bleibt immer
im Herzen unserer Seele.
Wir müssen lernen,
es auf jeder Erdenreise zu entdecken,
damit der Zauber der Lebensenergie
durch uns fließen kann,
denn so wird unser Leben zur Magie
mit einer wundervollen Philosophie.

CHANCE UNSERES LEBENS

Warum freuen wir uns nicht?
Warum ist da nur Trauer,
die über allem schwebt
wie ein kalter Schauer?
Warum denken wir, im Tod ist alles vergebens?
Wenn eigentlich doch der Tod ist
die Chance unseres Lebens ...

SEELENLACHEN

Meiner Seele Lachen
breitet sich leise aus,
denn mein Sein weiß,
es geht nach Haus.
Dafür muss man aus dem Körper raus.
Nur so lernt man wieder fliegen,
sich in Vollkommenheit zu wiegen.
Und wird nie mehr Sorgen kriegen.

ENDLOS

Es ist nie um, es ist nie vorbei.
Es ist endlos, und du bist frei.
Es ist ein riesengroßes Spiel,
und das Leben ist das Ziel.
Erfreu dich an jedem Augenblick,
lern ihn lieben, deinen Tick,
dann bekommt das Leben einen Kick.

DAS PURE LEBEN

Dieses Auf-der-Erde-Sein
macht mich betrunkener als Wein.
Diese Freude zu genießen
und alle Glücke aufzuspießen.
Diesen Frohsinn zu erleben,
der alles bringt zum großen Beben.
Dieses Kinderspiel erleben,
wenn alles erwacht und beginnt zu schweben.
Es ist so schön,
das pure Leben!

ERKENNTNISSE DES VIERTEN STREICHS ...

WIE fühlt sich diese pure Freude für Dich an?

Die Erkenntnis, dass der Tod nur eine Veränderung des Lebens ist ...

Was wird ab dem heutigen Tag anders für Dich?

Schreib es nieder und erinnere Dich daran immer wieder.

....
....
....
....
....
....
....
....
....
....
....
....
....
....
....
....
....
....
....

SCHLUSSHOFFNUNG

Ich hoffe,
dass keiner von Euch mehr Angst
vor dem Tod hat,
sondern ein wundervolles Gefühl
der inneren Zuversicht,
dass Energie nie vergeht.
Eure Seele ist ein Stück Unendlichkeit
in einem runden Kreis,
der sich immer wieder
von Neuem zu drehen beginnt!
Bis bald
irgendwo in der Ewigkeit
unseres Seins ...

Wundertütenpoet

Besuche mich auf

www.wundertuetenpoet.de